LAS RUEDAS
La carrera de la amistad

Creado por Inna Nusinsky
Ilustraciones de Michael Jay Roque

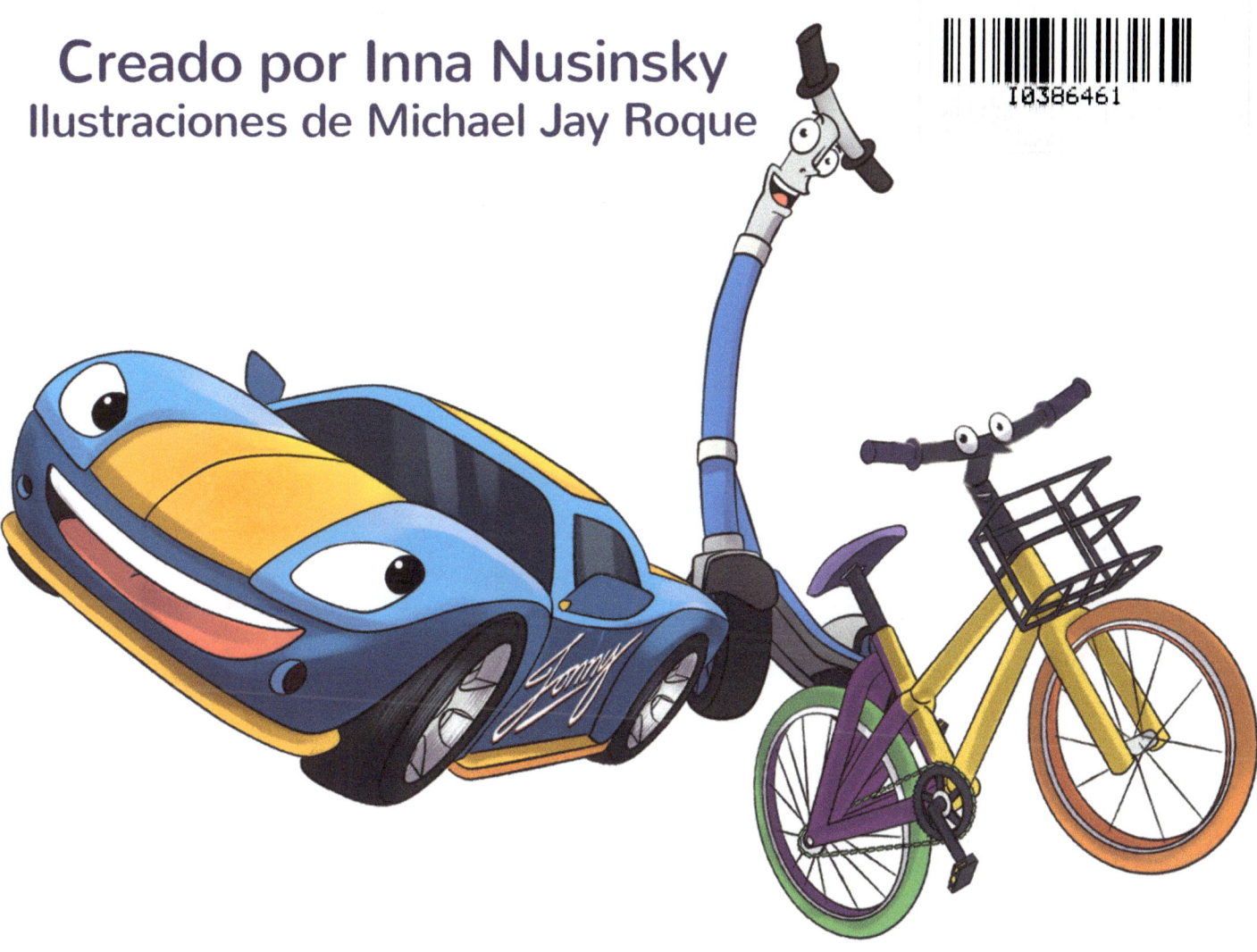

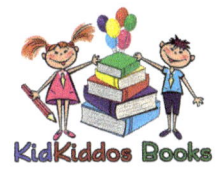

www.kidkiddos.com

Copyright©2015 by S.A.Publishing ©2017 by KidKiddos Books Ltd.

support@kidkiddos.com

All rights reserved. No part of this book may be reproduced in any form or by any electronic or mechanical means, including information storage and retrieval systems, without written permission from the publisher or author, except in the case of a reviewer, who may quote brief passages embodied in critical articles or in a review.

Todos los derechos reservados. Ninguna parte de este libro se puede utilizar o reproducir en forma alguna sin el permiso escrito y firmado de la autora, excepto en el caso de citas breves incluidas en reseñas o artículos críticos.

First edition, 2016

Translated from English by Laia Herrera Guardiola

Traducido del inglés por Laia Herrera Guardiola

Library and Archives Canada Cataloguing in Publication

The Wheels: The Friendship race (Spanish Edition)

ISBN: 978-1-77268-787-3 paperback

ISBN: 978-1-77268-788-0 hardcover

ISBN: 978-1-77268-786-6 eBook

Although the author and the publisher have made every effort to ensure the accuracy and completeness of information contained in this book, we assume no responsibility for errors, inaccuracies, omission, inconsistency, or consequences from such information.

Jonny, el coche, se miró a sí mismo en el escaparate de la tienda. ¡Qué guapo era! ¡Y qué rápido, incluso podía ganarle a coches de carreras!

—Soy el orgullo del vecindario —gritó.

Justo entonces, dos ruidos de freno rompieron su fantasía.

De pronto, vio reflejados en el cristal del escaparate a sus amigos Mike, la bici, y Scott, el patinete.

—¡Hola, Jonny! —dijeron sus amigos—. ¿Qué tal?

—Con ganas de una pequeña carrera hoy —dijo Jonny, chirriando los neumáticos—. Pero no hay nadie con quien pueda competir.

—¡Nosotros podemos competir contigo! —dijo Mike emocionado.

—¡Para eso están los amigos! —añadió Scott.

Jonny no se mostró muy entusiasmado.
—Mmm... un campeón necesita competir con un igual.

Mike y Scott se miraron el uno al otro, y se pusieron tristes.

—¿No somos buenos para ti? —preguntó Mike.

—Oh, sois buenos —Jonny hizo un gesto en el escaparate—. Pero no lo suficientemente buenos.

—De acuerdo, Jonny —dijo Scott—. ¡Te retamos a una carrera ahora mismo! Vamos a la Carretera de la Colina y veamos quién acaba antes.

Jonny lo consideró con una sonrisa burlona.

Cuando llegaron a la Carretera de la Colina, la carrera comenzó.

Empezaba con una cuesta empinada. Jonny rugió y en segundos ya estaba en la cima.

Mike, la bici, ya estaba a medio camino… Pero el pobre de Scott, el patinete, estaba jadeando y resoplando, mientras subía lentamente.

Jonny llegó a la cima y se detuvo. Miró en el retrovisor: sus amigos estaban muy por detrás.

Estaba aburrido. ¡Al menos la música de la radio era buena! Cerró los ojos y empezó a moverse al ritmo de la música.

De repente, algo pasó zumbando a su lado. Solo había humo. ¿Mike?

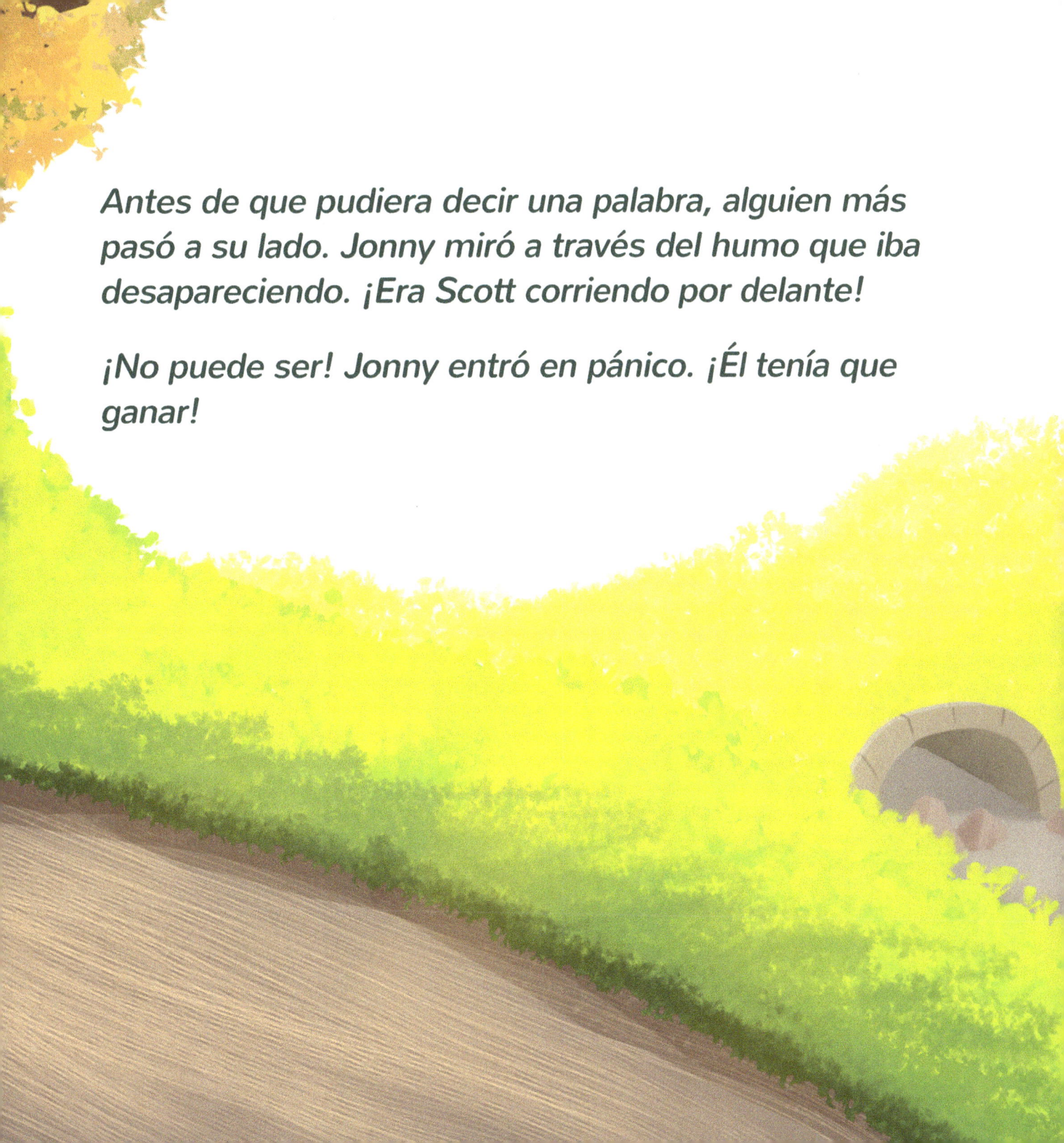

Antes de que pudiera decir una palabra, alguien más pasó a su lado. Jonny miró a través del humo que iba desapareciendo. ¡Era Scott corriendo por delante!

¡No puede ser! Jonny entró en pánico. ¡Él tenía que ganar!

Segundos más tarde, llegó al túnel. Unas rocas enormes estaban bloqueando la carretera. ¡No había forma de que un coche pudiera pasar! Ni siquiera el coche de carreras más rápido, como él, podría hacerlo.

Pero entonces, vio las marcas de los neumáticos de Mike y Scott. ¡Habían franqueado el camino entre las rocas! Jonny suspiró.

¿Qué sentido tiene ganar cuando tus amigos pierden?, pensó.

En pocos segundos, Scott estaba a su lado.

—¿Por qué has parado, Mike? —preguntó—. ¡Podrías haber ganado la carrera!

—Sí, pero... Jonny podría estar atascado ahí detrás...—dijo Mike, mirando hacia el túnel.

Hubo un momento de silencio.

—¿Vamos a comprobar que esté bien? —preguntó Scott.

Una sonrisa se dibujó en la cara de Mike.
—¡Vamos! —gritó y dio la vuelta.

En el túnel bloqueado, Jonny estaba triste. No porque estaba perdiendo la carrera sino porque se sentía solo.

De repente, escuchó un sonido de ruedas. ¡Eran Scott y Mike!

—Mike, movamos estas rocas para que Jonny pueda pasar —dijo Scott.

Los amigos empezaron a trabajar juntos, empujando las rocas fuera del camino.

No fue fácil, pero ellos empujaron y empujaron, y pronto hubo espacio suficiente para que Jonny pudiera pasar.

Riendo, llegaron al final de la Carretera de la Colina.

—¡Hemos ganado la carrera, todos! —exclamaron Mike y Scott.

Solo Jonny se quedó callado.
—Me he portado mal con vosotros —admitió—. Me di cuenta tarde de que juntos podemos hacer mucho más. ¡Gracias, amigos, por ayudarme a entenderlo!

De repente, hubo aplausos, felicitando a este maravilloso grupo de tres amigos fantásticos...

Amigos que descubrieron que ninguno de ellos era tan bueno solo como podían serlo juntos.

www.ingramcontent.com/pod-product-compliance
Lightning Source LLC
Chambersburg PA
CBHW051305110526
44589CB00025B/2943